À madame Rainon-Martinez.
Emmanuel Guibert.

18, rue Barbès, 92120 Montrouge
ISBN : 978-2-7470-3246-9
Dépôt légal : septembre 2020
Loi 49-956 du 16 juillet 1949
sur les publications destinées à la jeunesse

Imprimé en France par Pollina en décembre 2021 - 41112

www.bd-kids.com

Emmanuel Guibert

Marc Boutavant

ARIOL

RAMONO, ton tonton fait du BIO !

Couleurs et lettrage : Rémi Chaurand

BD KIDS

Avant de commencer cette histoire, il faut expliquer qui est
TONTON JEAN-SOUE.
Le meilleur copain d'ARIOL, c'est RAMONO.
Voici madame OLIDA LÉVÈQUE, la maman de RAMONO.
Et voici JEAN-SOUE, le frère d'OLIDA et le tonton de RAMONO.
TONTON JEAN-SOUE !

TONTON JEAN-SOUE habite à la campagne, un joli village qui s'appelle :
SAUCY-LE-SONSEC
Il est épicier-bistro-marchand de journaux sur la place de l'église.
AU BON GROIN
BAR-ÉPICERIE JOURNAUX
DÉPÔT de PAIN
Glaces
SAUCY INFO
Fête des Vendanges
En plus, il fait du BIO.

Il s'est mis d'accord avec deux amis de SAUCY-LE-SONSEC.
Monsieur MARMOUGE
et
Monsieur PÉDURET
Ils lui fournissent leurs légumes, fruits, volailles, œufs frais, fromages, eau-de-vie, et même des fleurs. TONTON JEAN-SOUE en remplit sa camionnette.
Il ajoute des bocaux de truffes et de la gelée de coing qu'il fait lui-même.
Sur l'étiquette des pots de gelée, il a dessiné son portrait, pas très bien, et il a écrit au-dessus :
LA CONFITURE au COCHON
COING COING
PUR FRUITS PUR SUCRE
C'EST SA MARQUE.

Une fois par mois, il prend la route de la ville pour vendre sa cargaison.

Quand il retourne à SAUCY-LE-SONSEC, il donne l'argent de la vente à monsieur MARMOUGE et à monsieur PÉDURET, et il en garde une partie pour lui.

Pendant qu'il est absent, sa copine VÉRA, une truie du village qu'il connaît depuis qu'ils étaient porcelets, tient l'épicerie-bistro-dépôt de journaux.

CHAPITRE 1
À l'école, dans la classe de monsieur LE BLOUNT, c'est cours d'histoire.
Ça tombe bien, RAMONO a justement une histoire à chuchoter dans l'oreille d'ARIOL.
Mon tonton JEAN-SOUE arrive demain. Il vient faire sa tournée de produits BIO avec sa camionnette. Il est d'accord pour qu'on l'accompagne. Ça te dit ?
J'en sais rien.

Allez, quoi ! Il est sympa, tonton JEAN-SOUE, et sa camionnette est démente.
Qu'est-ce qu'elle a de spécial ?
Tu verras. Elle est démente.
Remarque, oui, ça peut faire comme une mission. On dira qu'on est le CHEVALIER CHEVAL et qu'on protège un convoi de lingots d'or BIO.
Ben voilà.
Et l'empereur MORODAN essaiera de nous attaquer avec ses cafards volants. Et on leur tirera dessus depuis la camionnette.
À l'aise.
TATATATA ! ZZZIOUUUU ! ZZZIOOUU !
C'est facile de tirer depuis la camionnette de tonton JEAN-SOUE. Les vitres sont tombées dans les portières et on peut pas les remonter.

J'espère que ma mère voudra bien.
Tu n'as qu'à lui dire que tonton JEAN-SOUE lui offrira un pot de confiture.
Moi, je l'aime pas, sa confiture, mais il paraît qu'elle est bonne.
La conversation s'arrête là, parce que monsieur LE BLOUNT sépare ARIOL et RAMONO.
Ouste !

CHAPITRE 2
Le lendemain, chez ARIOL.
TÛT TÛT!
C'est eux, m'man! C'est le signal! Je descends!
Sois prudent, ARIOL, et n'oublie pas ma petite liste. Je te fais HIHAN depuis le balcon.
D'ac! À ce soir!
TÛT

LE CHEVALIER CHEVAL ♪ ♫
♪ JUSTICIER ♪ DES ÉTOILES !!
HoHO ! C'est ça la camionnette de TONTON JEAN-SOUE ? Ben dis donc, elle est bizarre !
Dépêche-toi ! On est en retard !
le porc t'apporte
livraisons Bio à domicile
BONG ! BONG !
Bizarre, cette camionnette... Espérons qu'elle roule...
BONNE JOURNÉE, MON RIRI ! N'OUBLIE PAS LA LISTE !
OUI ! NON ! SALUT, M'MAN !

LE CHEVALIER CHEVAL ?
JUSTICIER DES ÉTOILES !
Bienvenue dans ma PORCHE, p'tit gars ! Attache ta ceinture.
CLAC!
SO6 Radio
BIO RIDE 92
COCHON
VROMM BRROMM PÊT! BRR

J'ai une liste...
Moi aussi, j'ai une liste ! La liste des gens qu'on va voir et des trucs qu'on leur vend !
C'est moi qui dirige la tournée !
On commence par ma'me TIRJUS, rue des Bonnets.
CLIC

Toujours la même commande : un poulet, douze œufs, des fromages de chèvre, des patates, des endives, de la mâche, deux pots de gelée de coing, du persil, du cerfeuil et de la ciboulette.
Laisse-moi lire la liste, tonton ! Sinon, je sers à rien !
Ça sent drôlement la campagne, dans la camionnette !
Si le rétroviseur extérieur était moins crotté, ARIOL pourrait voir une MYSTÉRIEUSE PETITE VOITURE GRISE les prendre en filature.

CHAPiTRE 3

Madame TiRJUS est une vieille louve qui occupe un studio dans une résidence pour animaux âgés.
LE DOUBLE FOYER
maison de retraite
Elle a bon pied bon œil pour ses 89 ans, ma'me TiRJUS, vous allez voir ! Et elle aime bien parler, je vous préviens.
Je peux porter le persil, tonton ?
Et moi, la confiture ?
Porte numéro 32, au fond du couloir.
32
BOM BOM
Votre commande ma'me TiRJUS !
Eh! Regarde, c'que j'fais !
HAHA !

C'est nous !
oOOOOH ! Mais pardon ! Il n'est pas venu tout seul, mon cochon, aujourd'hui !
BLA BLA BLA
Entrez, entrez, je vais baisser la télévision...
BLA BLI BLU
J'ai embauché deux commis : mon petit neveu et son copain ARIOL.
Dites bonjour à ma'me TIRJUS.
Bonjour madame TIRJUS.
J'étais en train de regarder mon feuilleton, «LES BŒUFS DE LABOUR»
C'est complètement idiot mais ça passe le temps.
ETERNUEMENTS
BLA BLA BLA BLU...

Où est-ce qu'on vous pose tout ça, ma'me TIRJUS ?
Sur la table, je m'en occuperai. Je vais chercher un pourboire pour ces deux messieurs.
Tenez, mes petits. Ce sont des bonbons chocolat-caramel. Je lèche le chocolat, mais je ne peux plus manger le caramel, à cause de mes dents. Prenez-en autant que vous voulez !
MiAM !
Beurk !
Euh... Attendez ! Vous les avez léchés, ceux-là ?...
HUHUHUHUHUHU !
Mais non, voyons ! Pas du tout !

Ceux que je lèche, je les donne à BOBINETTE, mon chat. Allons, sers-toi, n'aie pas peur!
Bon.
Et toi aussi, prends!
MMMH! Ils chont bons, en fait, les bonbons de madame TIRJUS!
Moui, pas mal... Le dechus fond et le milieu colle...
Qu'ils sont mignons, ces petits! Ah là là! Quand je pense à ce que mon espèce a fait à la vôtre, monsieur JEAN-SOUE!
Ah, ben oui. Mais ce n'était pas vous personnellement, ma'me TIRJUS.
CHOM CHOM
MUNCH MUNCH

Les temps ont changé. Vous savez bien, c'est ce qu'on se dit à chaque fois !
Oh, mais, je n'oublie pas ! Ça me travaille. Dans ma jeunesse, j'ai vu des choses terribles, vous savez.
Terribles !
Et maintenant, vous êtes là à me livrer vos légumes et vous venez avec vos gentils petits. Dieu soit loué. Je suis contente d'avoir vécu assez pour voir ça !
Mais oui, ma'me TIRJUS. Vous tourmentez pas, allez !
TIENS ! Qui c'est, celui-là ??

C'est bien simple, la viande, j'ai complètement arrêté d'en manger. Même la volaille, là, c'est pour ma belle-fille et les abats pour BOBINETTE. Moi, je n'y touche pas.
Vous verrez les fromages sont faits à cœur. Vous allez vous régaler !
On y va, les enfants. Laissez les bonbons de ma'me TIRJUS. Ça suffit comme ça !
Bôh, pensez-vous ! J'en ai toute une réserve !
Emportez-en autant que vous voulez !
MUNCH MUNCH
GROUNCH GROUNCH

Voilà vos sous, monsieur JEAN-SOUE.
Merci bien, ma'me TIRJUS.
On fait la courche ? Le premier au bout du couloir.
Chi ku veux.
MOUNCH
SCHLURP
Remarquez, on dit que la situation s'arrange, mais si on regarde ce qui se passe autour ! C'est dramatique !
Faut vraiment qu'on y aille, ma'me TIRJUS ! La journée est longue ! Je vous vois le mois prochain, hein ?
EH ! T'es parti avant moi !
Pas plus tard qu'hier soir, à la télé, ils ont montré...
Au revoir, ma'me TIRJUS ! Si vous changez de commande, passez-moi un petit coup de fil !

Elle a la langue bien pendue, ma'me TIRJUS !
T'en as mangé combien des bonbons ?
Chinq.
Moi, chich.
le porc
livraisons
À peine la camionnette de tonton JEAN-SOUE a-t-elle démarré que le mystérieux bonhomme rejoint sa petite voiture grise...
...et continue sa filature !

CHAPITRE 4

Au fait faut pas que j'oublie! J'ai une liste...
LA LISTE! TONTON, J'AI PERDU LA LISTE!
Tu as dû la laisser dans la boîte à glands, RAMO. Regarde avant de t'affoler...
Non! Elle est pas là!
Au fait, si vous voulez grignoter des glands, les enfants, servez-vous...
Une petite bouchée pour la route, HOP!
Comment on va faire, sans liste?
Tiens, je vais goûter un gland, pour voir...

Je suis sûr que je l'avais laissée dans la camionnette. Quelqu'un l'a volée !
C'est le vent qui l'a volée, oui !
SPOUT !
SO6 Radio
BIO RIDE 92
COCHON
T'inquiète pas, RAMO. Pas besoin de liste ! J'ai ma tournée dans le crâne.
C'est toujours la même de toute façon.
TOC
T'en as mangé déjà des glands ?
Non. Ma mère en achète jamais.

C'est vrai que vous, les ânes, vous ne mangez pas tellement de glands. Qu'est-ce qu'il consomme ton père, comme amuse-gueules?
Plutôt des chardons secs.
Ah oui, c'est ça.
SO6 Radio
BIO RIDE 92
COCHON malin
Regarde, je te montre un truc : tu prends deux glands.
Oui
Tu te les cales sous chaque rangée de dents, à droite et à gauche.
h'omme h'a.
Et... KRAK!
Tu les explojes d'un coup. Cha remplit la bouche de p'tits morcheaux, c'est bon.
CHOMP CHOMP CHOMP
Échaie!

Ben, en fait, j'aime pas tellement le goût.
Wo l'autre ! T'es fou toi !
Maintenant, on va voir ma'me FOURRASTIER.
Et attention ! Ma'me FOURRASTIER, c'est du sérieux !
SO6SON7
Une bonne cliente, mais pas facile facile.
Elle habite une TRÈS belle maison, elle est à cheval sur les bonnes manières, faut SURTOUT PAS jouer aux zigotos.
C'est compris, les jeunes ?
Oui tonton.
Oui m'sieur JEAN-SOUE.
URAND
CROCODIX
le porc t'apporte
livraisons Bio à domicile

CHAPiTRE 5
Tonton JEAN-SOUE n'a pas menti. Chez madame FOURRASTIER, c'est bien différent de chez madame TIRJUS.
WAAAH!
Un château!
le porc t'apporte
BROOOOOOM

Y a un donjon!
C'est une reine madame FOURRASTIER?
Dans son genre...
Le gravier blanc croustille sous les roues. Tonton ne se gare pas devant la belle maison. Il fait le tour et s'arrête derrière, auprès d'une petite porte.
DING!
Venez les enfants. Et tenez-vous bien, hein?
Oui, tonton.
C'est toi, m'sieur JEAN-SOUE?
Salut DIRLADADA.
Ça va?

Qui c'est tes deux bandits, là ?
C'est mon petit neveu et son copain. Je les ai pour la journée, ils m'aident.
Dites bonjour à DIRLADADA, les enfants.
Bonjour.
Quel âge ils ont ?
Neuf ans.
C'est pas vrai ? Ils sont graaaands !
Bon. Moi, je commence à décharger la marchandise.
Venez à la cuisine. J'ai des bonnes choses pour vous.

Tenez, c'est des dattes.
Merci.
Attention aux noyaux, hein ?
Bougez pas. Je vais chercher la patronne.
PEU APRÈS.
Alors monsieur JEAN-SOUE ? Comment va ?
Bonjour ma'me FOURRASTIER. On fait aller. Tous vos cageots sont là.
MIOM MIAM
CLAC CLAC CLAC
Vous êtes escorté, dites-moi.
Oui... c'est mon petit copain et son neveu.
Charmants.
CRONCH

Aïe aïe aïe ! Tonton JEAN-SOUE m'avait pas dit que madame FOURRASTIER, c'est une jument !
Les chevaux ça m'intimide...
ARIOL, il n'y a aucune raison d'être intimidé par les chevaux. Ils ne sont supérieurs à nous en aucune façon. Tous les animaux sont égaux !
Je sais, papa, je sais... Tu l'as déjà dit !
J'y peux rien, c'est plus fort que moi. Devant un cheval, je me sens minus...
NNN
Sauf BATÉGAILLE, à l'école. Lui, il est tout mou et il m'énerve. Mais c'est le seul...

Et moi aussi, petit, je t'intimide ?
OH non, CHEVALIER CHEVAL, pas toi ! Toi, je t'adore !
Alors, allez jouer dehors, s'il vous plaît.
Hein ?
Allez dans le jardin pendant que monsieur JEAN-SOUE me montre ce qu'il a apporté. Vous voulez bien ?
Euh... oui oui.
Et restez dans les allées, surtout ! Mon mari n'aime pas qu'on galope sur ses pelouses.
CHOM MIOM MIOM

CHAPiTRE 6
À quoi on joue ?
On va faire comme j'ai dit hier, le coup de MORODAN et des lingots d'or. Viens, on retourne dans la camionnette.
le porc t'apporte
Comme c'est moi qui ai eu l'idée, c'est moi qui conduis.
Pfff ! Toujours toi !
SO6 Radio
BIO RIDE 92

Je suis le CHEVALIER CHEVAL. Toi, tu m'aides. On va démarrer la fusée.
TCHAK TCHOUK CLIK CLAK !
D'abord, on fait l'inspection du matériel. Frotte un peu le rétroviseur, dehors.
J'ai besoin de voir derrière, si on nous attaque.
Tonton va pas être content qu'on lui nettoie sa camionnette. Et puis, je frotte avec quoi ? J'ai pas de mouchoir.
Moi non plus.
Il y a un truc sur l'herbe, devant, tu le vois ? Ça doit être un morceau de papier. Mets ton scaphandre de l'espace et va le chercher.
Je croyais qu'on avait pas le droit de marcher sur l'herbe.
Ben, tu marches pas, tu y vas en scaphandre volant.

Si je vole dans l'espace, on dit que c'est moi le CHEVALIER CHEVAL.
On est tous les deux des CHEVALIERS CHEVAL.
orc t'apporte
ons Bio à domicile
Allô allô? ici le CHEVALIER CHEVAL! Je sors de la fusée. À vous.
Bien compris, CHEVALIER CHEVAL. Ici le CHEVALIER CHEVAL. Ramassez le papier et revenez essuyer le rétroviseur atomique avec.
À vous.
TCHiouu
POF!
Ici le CHEVALIER CHEVAL. Je fonce dans l'espace.
À vous.
TSCHiiiiiii!
Ici le CHEVALIER CHEVAL. Fais gaffe de ne pas écraser les fleurs.
À vous.

Ici le CHE...
OH! Purée!
?
ARiOL! ARiOL!
Tu sais quoi? C'est la liste! La liste que j'ai perdue tout à l'heure chez madame TIRJUS!
CHUT
Tais-toi!
Comment elle est venue jusque-là?
CHUTEU!
Il y a quelqu'un dans la camionnette!
J'entends bouger derrière!

CHAPITRE 7
M'SIEUR JEAN-SOUE ! Y A QUELQU'UN DANS LA CAMIONNETTE !
ET TA LISTE ! ON L'AVAIT PERDUE, ELLE EST REVENUE !
?
?
Les enfants, ma'me FOURRASTIER vous a dit de jouer tranquillement dehors en attendant qu'on ait fini.
DIRLADADA, occupez-vous des petits. Et veillez qu'ils n'aillent pas sur les pelouses.
Bien madame.
MAIS C'EST VRAI ! C'EST PAS UN JEU ! J'ai entendu du bruit derrière la camionnette et elle a bougé !

Venez avec moi.
La patronne n'est pas méchante, mais elle n'aime pas avoir les enfants dans la maison. Dans le jardin non plus, d'ailleurs.
Alors ? C'est quoi, votre histoire ?
Il y a quelqu'un à l'arrière de la camionnette !
La liste ! J'ai retrouvé la liste !
HOHO ! Je te jure ! C'est quand même un drôle d'engin, la Méhari à JEAN-SOUE !
Regarde-moi ça !
le porc t'apporte
livraisons Bio à domicile

«LE PORC T'APPORTE»
Il a de ces idées ! Avec un nom pareil, dans mon pays, il ne ferait pas des affaires !
le porc t'apporte
Oui, parce que c'est idiot, mais ici, vous n'aimez pas les chameaux et dans mon pays, on n'aime pas les porcs.
Et les ânes, limite.
Moi, je m'en fiche, hein ? Ma mère ne m'a pas élevée dans ces idées-là.
Elle est vieille, ma mère, maintenant, vous la verriez ! Très, très vieille.
Elle a carrément deux bosses dans le dos, d'avoir travaillé toute sa vie.
Elle dit toujours : « Nous, les chameaux, c'est la sobriété et la gentillesse. » Elle touche ses deux bosses, en disant ça.

À la maison, quand j'étais petite, la porte était ouverte à tout le monde. Il y avait des amis cochons, des ânes, n'importe.
Alors moi, le racisme, je m'en fiche. Ça n'existe pas.
On est tous des bêtes, point.
Et le JEAN-SOUE, il est spécialement gentil. Toujours de bonne humeur.
C'est lui qui a peint sa camionnette ?
BOM!

EH !? Mais ça bouge, là-dedans !
IL Y A UNE HEURE QUE JE VOUS LE DIS !

Qu'est-ce que c'est que cette entourloupe ?
le porc t'apporte
EUPORC 1
BIO
QUI EST LÀ ? SORTEZ IMMÉDIATEMENT !
Vous affolez pas !
C'est une blague. On sort.
?
?

Monsieur MARMOUGE !
Le p'tit RAMONO ! T'as grandi, depuis ton dernier passage à SAUCY !
Vous faites quoi là-dedans ? Vous volez la marchandise ?
On ne peut pas la voler, mam'zelle ! Elle est à nous !
Salut p'tit.
Bonjour m'sieur MARMOUGE.
Permettez-moi de me présenter : HÉPATIQUE PÉDURET, exploitant agricole. Les légumes, les fruits et le petit alcool de poire, là, c'est ma production.
Et moi, je fournis les poulets, les œufs et le lait frais.
C'est qui ?
Des copains à tonton !
TOC TOC !

Ce matin, on a vu ce grand goret de JEAN-SOUE qui chargeait la camionnette.
On s'est dit : «Tiens, on va le suivre, pour une fois. Voir comment c'est quand il fait sa tournée.»
Il nous parle toujours des clients de la ville mais nous, on les voit jamais !
On a eu envie de mettre des visages sur les noms. Savoir qui mange mes poulets.
Et qui boit ma poire !
Au moment où le JEAN-SOUE allait partir, je l'ai fait appeler au téléphone par ma femme et on en a profité, PÉDURET et moi, pour nous planquer au fond du fourgon, sous une couverture, derrière la pile de cageots.
On a rigolé, dis donc, comme des gamins !

On n'a manqué de rien pendant le trajet, grâce à la poire à PÉDURET !
Et là, on s'apprêtait à sortir comme des fleurs pour faire « COUCOU » !
HAHAHA !
Je vous préviens que la patronne n'aime pas voir des gens qu'elle ne connaît pas dans son jardin.
Dans sa maison non plus, d'ailleurs.
Elle est marrante votre blague.
C'est dommage de pas la faire.
Chuis bien d'accord. Vous savez quoi ? On va remonter vite fait dans la camionnette avant le retour du JEAN-SOUE !
On fera « COUCOU » plus tard, chez le prochain client.
Très bonne idée.
Dépêchez-vous, j'entends la patronne qui arrive…
On garde le secret, m'sieur MARMOUGE !
On fera semblant qu'on sait rien !
HÉHÉ… Cochon qui s'en dédit !
livraisons Bio

Hé, au fait ! C'est vous qui avez pris ma liste et qui l'avez jetée ici, m'sieur MARMOUGE ?
Ah non ! Nous, à part la bouteille de poire, on n'a touché à rien !
Ferme la porte, MARMOUGE ! Tu vas nous faire repérer !
'ttention les doigts !
KLONC
J'y comprends rien, à cette histoire de liste !
Moi aussi, j'ai une liste. Faut pas que j'oublie d'en parler à ton tonton, tiens !
Le voilà, tonton. HiHiHi ! Il sait pas qu'il y a m'sieur MARMOUGE et m'sieur PÉDURET à l'arrière de la camionnette !
On lui dit pas, hein ? On a promis !

CHAPiTRE 8
Peu après.
Ma'me FOURRASTIER, elle va finir par me rendre fou! Une heure à discuter sur le moindre haricot !
Quelle casse-jambons !
PFFHiHiHiHi...
PRRRRFFHOUHOU...
SO6
BIO RIDE 92
Quelle heure est-il, au fait ?
Midi vingt ! J'ai faim !
On va faire la pause, on ne l'a pas volée ! Je vous emmène dans un petit coin que je connais. Il a beau être en ville, vous allez voir, il n'est pas mal.
GROUiiii i...
À l'arrière...
Ça fait plaisir de revoir le p'tit RAMONO, non ? Il est bien sympa !
RRR...
Tu dors ?

Si tu dors, passe-moi une lichette de poire.
RRRRR
On tourne ici.
?
Hiiiii
BOUM!
Héla !
?

?!
Qu'est-ce que c'était que ce «BOUM»? On m'est rentré dedans ?
BOUM!

La camionnette de Tonton JEAN-SOUE reste en l'air deux secondes, et VLAN ! Elle retombe sur le bitume avec un épouvantable
PATABOUMCRASHTINGUELING BLÊNGCHTRONKPLARF !
ROL ROL ROL ROL ROL ROL ROL ROL
le porc t'apporte
livraisons Bio
Ça… Ça va, les enfants ? Rien de cassé ?
Ici, non…
mais derrière ?

Misère de misère de misère !
le porc t'apporte
t'apporte Bio à domicile
BOUHOUHOU !
ÇA VA PAS, DE RENTRER DANS MON FOURGON ?
BEUAAAAH !
SNIRFL
SNIR
SOUSOUE... MON SOUSOUE... J'TE D'MANDE PARDOOON !
HEIN ? QUOI ?

VÉRA?
PARDON MON SOUSOUE EXCUSE-MOUÂÂÂÂÂ! EXCUSE-MOUÂÂÂÂ! MON SOUSOOOUUUE!
MAIMAIMAIS... QU'EST-CE QUE TU FAIS LÀ ?
M'SIEUR MARMOUGE!
M'SIEUR PÉDURET! ÇA VA?
BOM BOM!
ARRÊTEZ DE TAPER SUR CETTE CAMIONNETTE, LES ENFANTS! VOUS NE LA TROUVEZ PAS ASSEZ CABOSSÉE COMME ÇA?
BOM BOM!
BOUHOU HOUHOU!
Tu comprends pas, tonton! M'sieur MARMOUGE et m'sieur PÉDURET, ils sont dans la camionnette, à l'arrière!
BOM BOM!
Ça va, ça va, On n'a rien!
La marchandise par contre, HO dis donc!
Y en a partout!

On peut savoir ce qui se passe ici monsieur ?
Ah ça ! J'aimerais bien qu'on m'explique !
VOUS NOUS FAITES SORTIR ?
Toutes les bouteilles sont cassées, on s'ennuie !
EH, RAMONO ! VIENS M'AIDER, ON VA POUSSER LA VOITURE !
MON SOUSOUUUE !
Vous voulez des explications ? Ça tombe bien, moi aussi ! Allez ! Tout le monde au poste !
Manquait plus que ça !
CRiiiNK !
BOUAAAH !

CHAPITRE 9
Bon. On commence par le conducteur de la camionnette. Nom, prénom, adresse, profession.
BARBACHÊNE, Jean-Soue.
J'habite 3, place de l'église à SAUCY-LE-SONSEC. Je suis épicier, cafetier, marchand de journaux et j'ai une petite entreprise de livraison à domicile.
Je fais des confitures, aussi. Et des truffes en bocaux.
Pas si vite, pas si vite...
tru...ffes en... bo...caux.
CLIC CLIC CLIC

Alors, racontez voir un peu.
Je n'ai rien à raconter ! C'est aux autres, de raconter ! Moi, j'étais en train de faire ma tournée habituelle, bien tranquillement...
Avec ces deux enfants et ces deux messieurs ?
Ben, c'est-à-dire que les enfants, je savais qu'ils étaient là. Mais les deux autres, non.
Vous ne connaissez pas ces individus ?
HAHAHA ! Bien sûr, qu'il nous connaît ! On est ses associés !
Ses AMIS même !
On s'est cachés à l'arrière de sa camionnette pour lui faire une p'tite blague entre copains. Une surprise !
C'est pas défendu, les surprises ?
Laissez parler monsieur BARBACHÊNE. C'est lui que j'interroge.

T'as vu ? Sur le bureau, il y a un paquet de fraises FLAGADA. Tu crois qu'on peut en prendre ?
Je sais pas. Demande.
Parceque si elle nous met en prison, ça serait bien qu'on ait une réserve de fraises FLAGADA avec nous.
T'es fou toi ! Elle va pas nous mettre en prison !
On a rien fait de mal !
Donc, monsieur BARBACHÊNE, vous ignoriez la présence de ces individus dans votre camionnette, mais vous les connaissez ?
Bien sûr, que je les connais ! C'est MARMOUGE et PÉDURET ! Mes voisins, mes collègues, mes copains !
CLIC !
Ils ont l'air de grands garçons, comme ça, mais ils n'ont même pas l'âge mental de RAMONO et D'ARIOL ! Toujours à faire des blagues à la noix !
C'est pas faux.
HÉHÉ ! Faut rigoler, la vie est courte !

ARIOL et RAMONO, c'est vous ?
Euh... oui. Mais moi, ma mère m'attend, il faut que je rentre à la maison.
On peut avoir des fraises FLAGADA ?
Allez-y servez-vous.
Alors comme ça, vous accompagnez monsieur BARBACHÊNE dans sa tournée ?
Ben oui, c'est mon tonton.
Ya pas classe, aujourd'hui, on peut.
Et ch'est vrai que m'chieu MARMOUGE et m'chieur PÉDURET, ch'est des blagueurs, pas des voleurs.
Moi, le mychtère que j'aimerais réjoudre, ch'est LE MYCHTÈRE DE LA LICHTE !
?
CLIC CLIC

Comment cha che fait que chette lichte que j'ai perdue chez madame TIRJUS, je l'ai retrouvée chez madame FOURRACHTIER ?
Ch'est cha qu'il faut chavoir !
Tout est de ma faute.
Tout est de ma faute et je vais tout avouer ! BOUHOUHOUHOU !
Allons, allons, VÉVÉ. Recommence pas à pleurer !
Nom, prénom, adresse et profession, madame.

MAYALET, VÉRA. J'habite 16, rue de la FONT-PITOU, à SAUCY-LE-SONSEC.
Je suis secrétaire de mairie.
Et des fois, je donne un coup de main à JEAN-SOUE pour l'épicerie.
MAIS, AU FAIT !! Tu devais y être, à l'épicerie ! Qui s'en occupe ?
T'inquiète pas, je l'ai confiée à SANQUETTE. tout va bien.
SANQUETTE, c'est ma belle-sœur, madame l'agent.
PON !
Faites votre déposition, madame MAYALET.
Madame l'agent, je suis coupable, mais je réclame l'indulgence de tout le monde, ici présent.
TU L'AS !
CHOMP
CHOMP

Madame l'agent, j'aime ce cochon de JEAN-SOUE depuis l'âge de 4 ans ! PASSIONNÉMENT ! DE TOUTE MA COUENNE !
VÉVÉ ! Modère-toi, y a des enfants !
Héhé
CLIC CLIC CLIC CLIC CLIC CLIC CLIC
Tant qu'il reste à SAUCY-LE-SONSEC, ça va... je l'ai à l'œil !
Mais depuis qu'il s'est mis en tête de faire ses tournées en ville, je ne vis plus !
Je suis JALOUSE, madame l'agent ! **JALOUSE !**
J'ai l'air d'une forte truie, comme ça... Mais s'il me quittait, il pourrait me détruire !
VÉVÉ ! Tu te donnes en spectacle !
Pas si vite, pas si vite !
CLIC CLIC CLIC CLIC CLIC CLIC

Alors, ce matin, j'ai décidé de le suivre en voiture, sans me faire voir. À son premier arrêt, j'ai volé la liste de sa tournée sur le siège avant de la camionnette.
Et vous savez quoi ?
AH ! MA LISTE !
CHOM CHOM
TOUS SES CLIENTS SONT DES CLIENTES !!
ET C'EST ÇA QUI ME REND JALOOOOUUUUUSE !
Mais VÉVÉ...
Puisque tu m'as suivi, tu les as vues, mes clientes ! Je vais quand même pas te quitter pour ma'me TIRJUS !
HA, SOUSOUE ! Je ne sais plus, tiens ! La jalousie m'égare !

Comme j'avais son adresse sur ma liste, je suis arrivée la première chez madame FOURRASTIER. Mais en allant me cacher dans le jardin pour vous attendre, j'ai perdu la liste sur le gazon !
CH'EST CHA ! ET MOI, JE L'AI RAMACHÉE !
Ensuite, il y a eu cet affreux accident ! HO, SOUSOUE ! J'AI EU TELLEMENT PEUHEUHEUHEUHEURRRR !
Alors, l'accident ? Qui est responsable ?
SOUSOUE, MARIONS-NOUS !
Enfin, VÉVÉ...
ÉPOUSE-MOI, SOUSOUE, ET FAISONS TROIS PETITS COCHONS, C'EST MON RÊVE ! JE TE PROMETS DE NE PLUS ÊTRE JALOUSE !!!

VIVE LES MARIÉS!
SILENCE! ASSEYEZ-VOUS!
DIS-MOI OUI, SOUSOUE! JE FERAIS DE TOI LE PLUS HEUREUX DES PORCS! JE LE JURE DEVANT TÉMOINS!
Rôôôôôh! Mais VÉVÉÉÉÉ...
SILENCE!
SI VOUS VOULEZ VOUS MARIER C'EST PAS ICI! C'EST À LA MAIRIE!
ALORS TOUT LE MONDE DEHORS! L'AFFAIRE EST CLOSE!
On peut emporter le chachet de fraijes FLAGADA? Il est presque vide!

CHAPITRE 10
Plus tard...
Mon vieux ! Quel champ de bataille, là-dedans !
Aucune bouteille n'a survécu. Juste un pot de gelée de coing. C'est triste.
Il faut que je téléphone aux clientes de l'après-midi, pour les prévenir que je ne les livrerai pas.
Ah, au fait J'allais oublier !
CRONCH CRONCH
J'ai une liste que ma mère m'a donnée !
Et un billet pour payer !
Mon pauvre petit, tout est sens dessus-dessous ! Il n'y a même plus de quoi remplir un panier.
Fais quand même voir ta liste...
Peu après.
En fouillant bien, j'ai trouvé tout ce que ta maman demande.
Super !
À part les oeufs !
Tiens, mets la confiture en prime.
CRONCH CRONCH

Voilà le billet m'sieur JEAN-SOUE.
Laisse tomber, ARIOL, la maison ne fait pas payer les copains. Surtout après des émotions pareilles !
Puisque la camionnette roule encore, je vais vous raccompagner chez vous, les enfants.
OOooh ! Déjà ?
On che marrait bien, pourtant.
CRONCH CRONCH
La voiture a l'air de vouloir marcher, elle aussi. Moi, je ramène MARMOUGE et PÉDURET à SAUCY.
Bon.
Tu ne m'en veux pas trop, SOUSOUE ?
BAH !
À ce soir, alors ?
Ben oui.
SALUT LES GAMINS !
Venez nous voir au village !
BRRRVRRBRRRBRR
Tu as mangé combien de fraijes FLAGADA ?
Sept.
Moi, diche.
CRONCH CRONCH
En route !
BOM BOM
BROMRRRBRBRRR

CHEZ ARIOL.
Alors ? Cette tournée BIO ? Ça s'est bien passé ?
Oui. Je t'ai rapporté ce que tu voulais. Le tonton de RAMONO ne m'a pas fait payer.
Comme c'est gentil ! Tu l'as bien remercié, j'espère ?
Je vais pouvoir te faire un bon dîner BIO avec tout ça !
Euh... ben, en fait, j'ai pas très faim.
Ah bon ? Tu es brouillé ?
Non, euh... juste un peu.
Qu'est-ce que tu as mangé, aujourd'hui ? Tu as mangé des produits du tonton de RAMONO ?
J'ai grignoté deux ou trois trucs...
Des tas de bonbons chocolat/caramel, de dattes et de fraises FLAGADA...

Il en fait une drôle de tête ! J'espère que le tonton ne lui a pas refilé une cochonnerie !
Je vais jouer dans ma chambre, hein ?
SNIF SNIF ?
Étranges, ces légumes. Ils empestent l'alcool on dirait.
Ce pot de confiture aussi. BÊRK !
On ne va pas prendre de risques. Je colle tout ça à la poubelle et je vais ouvrir une boîte de raviolis.
Tant pis pour le BIO.

CHAPiTRE 11
Quelques semaines après, dans la classe de monsieur LE BLOUNT, c'est cours de géographie.
Ça tombe bien, RAMONO veut justement proposer un voyage à ARiOL.
Tu te souviens de VÉRA, la copine de tonton JEAN-SOUE ?
Oui.
Eh bien, ça y est. Tonton se marie avec elle.
Ah.
Super.

Le mariage, c'est dans leur village, à SAUCY-LE-SONSEC, le 22 juin. Ils t'invitent avec ton papa et ta maman.
Il y aura monsieur MARMOUGE et monsieur PÉDURET ?
Bien sûr.
Il y aura aussi madame TIRJUS, DIRLADADA et toutes les clientes de tonton. Même la policière qui voulait nous mettre en prison !
Ah bon ? HAHA !
Ça te dit de venir, j'espère ?
Moi oui, mais mes parents, je ne sais pas.
Tu n'as qu'à leur dire qu'il y aura un grand repas BIO, ça va leur plaire.

... Et la conversation s'arrête là. Pas parce que monsieur LE BLOUNT sépare ARIOL et RAMONO, mais parce que le livre est fini.
C'est la campagne, là-bas. On va bien s'amuser.
FIN

Retrouve les aventures d'**ARiOL** en librairie.

La chanson du CHEVALIER CHEVAL

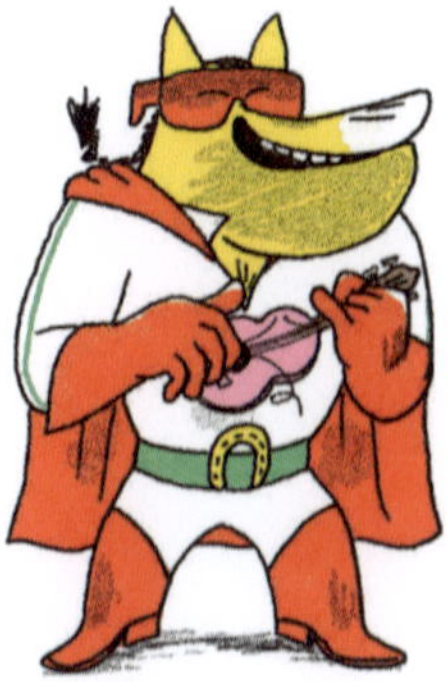

Il était une fois
Un chevalier à la fois
Cavalier monumental
Et cheval

Il portait un nom
Que vous connaissez ou non
Mais une fois qu'on le connaît
On le sait
(Ce nom c'est…)

Refrain :
Le Chevalier Cheval
Justicier des étoiles
Le Chevalier Cheval
Voyageur sidéral
Le Chevalier Cheval
Fabuleux animal
Le Chevalier Cheval
Le bien contre le mal

C'est en combattant
L'affreux empereur Morodan
Qu'il tâchait continuellement
De tuer l'taon
Mais comme chacun sait
Le taon n'est jamais vaincu
Quand tu crois l'avoir tué
Il te tue
(Sauf si tu es…)
Refrain

(Guibert-Lemercier-Pilot-Cahen)

BISBILLE, la reine des mouches

T'as une drôle
de bille
'Tite mouche
T'as une drôle
de touche
'Tite fille

T'as les yeux qui brillent
'Tite mouche
T'as les yeux
qui louchent
Bisbille

J'voudrais qu'Ariol
me fasse des bises
Dans une carriole
de friandises
J'voudrais qu'Ariol un jour
m'embrasse
Dans une carriole
de marchand d'glaces

T'es la plus gentille
Des mouches
Pas la plus minouche
Des filles

Gare aux escarbilles
'Tite mouche
Gare aux escarmouches
Bisbille

J'voudrais qu'Ariol
un jour m'épouse
Dans une carriole tirée par
douze Chevaux qu'Ariol dirigera
Dans une carriole
quat'cents carats

Ton stylo à bille
En bouche
Avec sa cartouche
Myrtille

T'es chef d'escadrille
'Tite mouche
T'es la reine des mouches
Bisbille

(Guibert-Lemercier-Pilot)

le porc t'apporte
livraisons Bio à domicile